隶书集古典名句

荣宝斋书法集字系列丛书

主编/邹方程

荣寶齋出版社
北京

图书在版编目（CIP）数据

隶书集古典名句 / 邹方程主编. —北京：荣宝斋出版社，2022.12

（荣宝斋书法集字系列丛书）

ISBN 978-7-5003-2481-2

Ⅰ. ①隶… Ⅱ. ①邹… Ⅲ. ①篆书—法帖—中国—古代 Ⅳ. ①J292.31

中国版本图书馆CIP数据核字(2022)第191510号

主　　编：邹方程
责任编辑：高承勇
校　　对：王桂荷
装帧设计：执一设计工作室
责任印制：王丽清　毕景滨

LISHU JI GUDIAN MINGJU
隶书集古典名句

出版发行：荣寳齋出版社
地　　址：北京市西城区琉璃厂西街19号
邮政编码：100052
制　　版：北京兴裕时尚印刷有限公司
印　　刷：北京海天网联彩色印刷服务有限公司
开　　本：889mm×1194mm　1/32
印　　张：3.25
版　　次：2022年12月第1版
印　　次：2022年12月第1次印刷
印　　数：0001-2000

ISBN 978-7-5003-2481-2　　定 价：36.00元

出版前言

在书法学习过程中，集字是从临摹到创作的一个关键性过渡环节。从临摹的角度而言，需要『察之者尚精，拟之者贵似』，并将看到的、模拟到的书法要素精确记忆，乃至熟练运用到创作中去。对于创作而言，把由反复临摹而形成的技术积累在创作中加以化用，需要经过长时间的揣摩和训练，而集字创作即是这样一种行之有效的方法。

本书的集字对象是《曹全碑》，全称《汉郃阳令曹全碑》，该碑是汉代隶书的重要代表作品，在汉隶中此碑独树一帜，是保存汉代隶书字数较多的一通碑刻，字迹娟秀清丽，结体扁平匀称，舒展超逸，风致翩翩，笔画正行，长短兼备，神采华丽秀美飞动，有『回眸一笑百媚生』之态，是汉隶中秀美风格的代表，历来为书家所重。本书的集字内容选取以中华优秀传统文化所倡导的价值追求、做人之道、道德精神、君子人格等方面的古代典籍、经典名句，给人以思想启迪、精神激荡。读者既可以直接临摹，以提高驾驭笔墨的综合能力，又可将之作为一种全新面貌的法帖进行欣赏，欣赏古代经典碑帖的书法的艺术之美。更重要的是可以从中汲取丰富营养，进一步领会中华优秀传统文化之真谛。

本书属于《荣宝斋书法集字系列丛书》中的一种，在编辑过程中，校对、修改十余稿。以此献给广大读者，在给予读者方便的同时，如对读者探索不同风格亦能有所裨益，则善莫大焉，幸莫大焉。

目录

◎荣宝斋书法集字系列丛书

隶书集古典名句

學而不思則罔思而不學則殆

学而不思则罔，思而不学则殆。

——《论语·为政》

知之者不如好之者好之者不如樂之者

知之者不如好之者，好之者不如乐之者。

——《论语·雍也》

文變染乎世情興廢係乎時序

文变染乎世情，兴废系乎时序。

——〔南朝·梁〕刘勰《文心雕龙·时序》

不積跬步無以至千里不積小流無以成江海

不积跬步，无以至千里；不积小流，无以成江海。

——〔战国〕荀子《荀子·劝学》

少年辛苦終身事
莫向光陰惰寸功

少年辛苦终身事，莫向光阴惰寸功。

——〔唐〕杜荀鹤《题弟侄书堂》

獨學而無友則孤陋而寡聞

独学而无友，则孤陋而寡闻。

——〔春秋至秦汉〕《礼记·学记》

紙上得来終覺淺

絕知此事要躬行

纸上得来终觉浅，绝知此事要躬行。

——〔南宋〕陆游《冬夜读书示子聿》

博學之審問之慎思之明辨之篤行之

博学之，审问之，慎思之，明辨之，笃行之。

——〔春秋至秦汉〕《礼记·中庸》

学如弓弩，才如箭镞。

——〔清〕袁枚《续诗品·尚识》

學如弓弩

才如箭鏃

學所以益才也
礪所以致刃也

学所以益才也，砺所以致刃也。

——〔西汉〕刘向《说苑·建本》

少而好學如日出之陽壯而好學如日中之光老而好學如秉燭之明

少而好学，如日出之阳；壮而好学，如日中之光；老而好学，如秉烛之明。

——〔西汉〕刘向《说苑·建本》

与人不求备，检身若不及。

——〔上古时代〕《尚书·商书·伊训》

祸莫大于不知足咎莫大于欲得

祸莫大于不知足，咎莫大于欲得。

——〔春秋〕老子《老子·第四十六章》

從善如登
從惡如崩

从善如登，从恶如崩。

——〔春秋〕左丘明《国语·周语下》

见善如不及，见不善如探汤。

——《论语·季氏》

吾日三省吾身

吾日三省吾身。——《论语·学而》

見賢思齊焉見不賢
而內自省也

见贤思齐焉，见不贤而内自省也。

——《论语·里仁》

觀于明鏡則疵瑕不滯于軀聽于直言則過行不累乎身

观于明镜，则疵瑕不滞于躯；听于直言，则过行不累乎身。

——〔东汉〕王粲《仿连球》

非淡泊無以明志寧靜無以致遠

非淡泊无以明志，非宁静无以致远。

——〔西汉〕刘安及门客《淮南子·主术训》

同心而共濟，終始如一，此君子之朋也。

同心而共济，终始如一，此君子之朋也。

——〔北宋〕欧阳修《朋党论》

莫見乎隱莫顯乎微故君子慎其獨也

莫见乎隐，莫显乎微，故君子慎其独也。

——〔春秋至秦汉〕《礼记·中庸》

功崇惟志，业广惟勤。

——〔上古时代〕《尚书·周书·周官》

一勤天下无难事。

——〔清〕钱德苍《解人颐·勤懒歌》

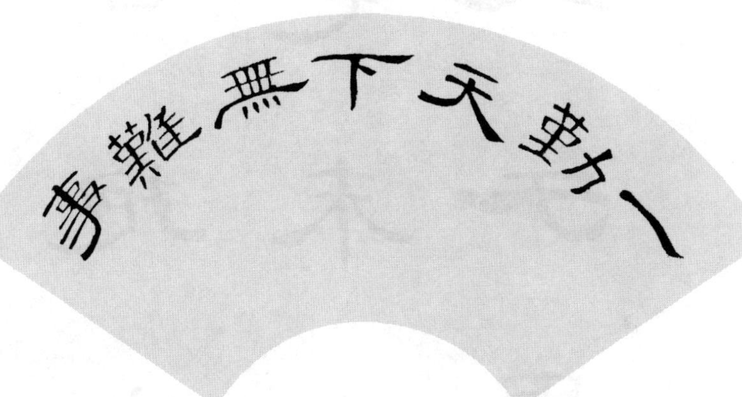

合抱之木生于
毫末九層之臺
起于累土

合抱之木，生于毫末；九层之台，起于累土。

——〔春秋〕老子《老子·第六十四章》

大厦之成，非一木之材也；大海之阔，非一流之归也。

——〔明〕冯梦龙《东周列国志·第十六回》

大厦之成非一木之材也大海之阔非一流之归也

圖難于其易為大于其細天下難事必作于易天下大事必作于細

图难于其易，为大于其细。天下难事，必作于易；天下大事，必作于细。

——〔春秋〕老子《老子·第六十三章》

慎易以避难，敬细以远大。
——〔战国〕韩非子《韩非子·喻老》

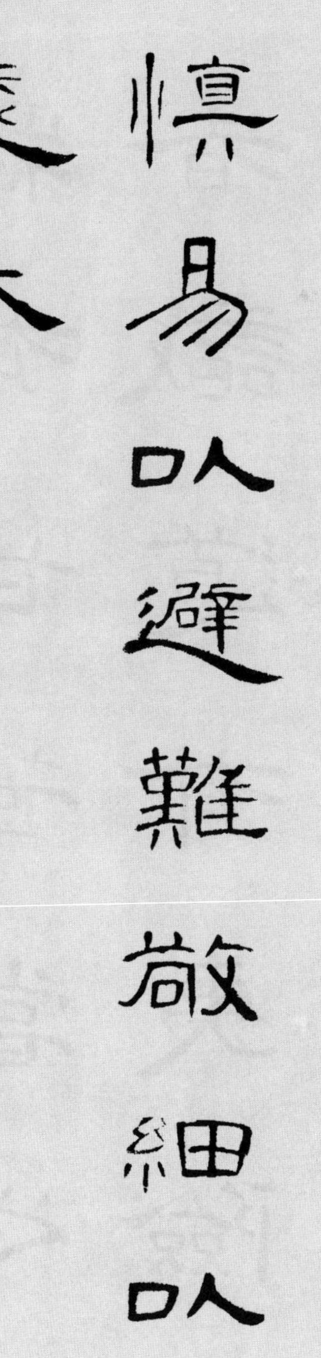

物有甘苦，尝之者识；道有夷险，履之者知。

——〔明〕刘基《拟连珠》

物有甘苦嘗之
者識道有夷險
履之者知

耳闻之不如目见之，目见之不如足践之。

——〔西汉〕刘向《说苑·政理》

耳聞之不如目見之目見之不如足踐之

不受虛言不聽浮術不採華名不興僞事

不受虚言，不听浮术，不采华名，不兴伪事。

——〔东汉〕荀说《中鉴·俗嫌》

吾生也有涯，而知也无涯。

——〔战国〕庄子《庄子·养生主》

吾生也有涯而知也無涯

腹有詩書氣自華

腹有诗书气自华。——〔北宋〕苏轼《和董传留别》

昨夜西風彫碧樹獨上高樓望盡天涯路衣帶漸寬終不悔為伊消得人憔悴衆裡尋他千百度驀然回首那人却在燈火闌珊處

昨夜西风凋碧树，独上高楼，望尽天涯路。衣带渐宽终不悔，为伊消得人憔悴。众里寻他千百度，蓦然回首，那人却在灯火阑珊处。

——王国维《人间词话》

樂民之樂者
民亦樂其樂
憂民之憂者
民亦憂其憂

乐民之乐者，民亦乐其乐；忧民之忧者，民亦忧其忧。

——〔战国〕孟子《孟子·梁惠王下》

安得廣廈千萬間
大庇天下寒士俱
歡顏

安得广厦千万间，大庇天下寒士俱欢颜。

——〔唐〕杜甫《茅屋为秋风所破歌》

審大小而圖之酌緩急而布之連上下而通之衡內外而施之

审大小而图之，酌缓急而布之；连上下而通之，衡内外而施之。

——〔明〕冯梦龙《东周列国志·第二十六回》

以天下之目視則無不見也以天下之耳聽則無不聞也以天下之心慮則無不知也

以天下之目视，则无不见也；以天下之耳听，则无不闻也；以天下之心虑，则无不知也。

——《管子·九守·主明》

審度時宜慮定
而動天下無不
可為之事

审度时宜，虑定而动，天下无不可为之事。

——〔明〕张居正《答宣大巡抚吴环洲策黄酋》

臨大事而不亂臨利害之際不失故常

临大事而不乱，临利害之际不失故常。

——〔北宋〕苏轼《策略四》《陈侗知陕州制》

取法於上僅得為
中取法於中故為
其下

取法于上，仅得为中；取法于中，故为其下。

——〔唐〕李世民《帝范》

人之忠也，犹鱼之有渊。

——〔三国·蜀汉〕诸葛亮《兵要》

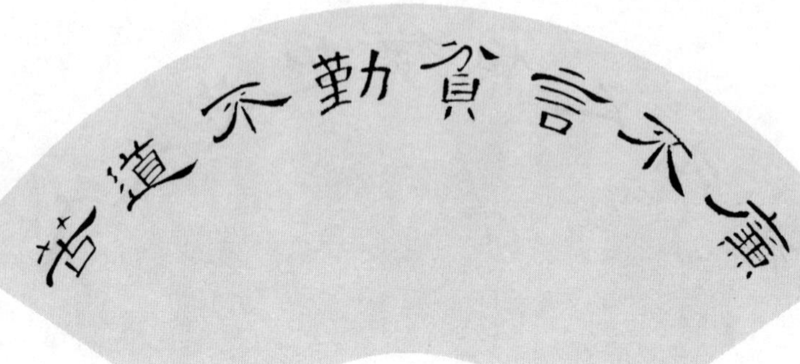

廉不言贫，勤不道苦。

——古格言联（河南内乡县衙楹联）

慧者心辩而不繁说，多力而不伐功，此以名誉扬天下。

——〔春秋战国之际〕墨子《墨子·修身》

慧者心辯而不繁說多力而不伐功此以名譽揚天下

靜而後能安
安而後能慮
慮而後能得

静而后能安，安而后能虑，虑而后能得。

——〔春秋至秦汉〕《礼记·大学》

宰相必起于州部，猛将必发于卒伍。

——〔战国〕韩非子《韩非子·显学》

宰相必起于州部

猛將必發于卒伍

千人之诺诺，不如一士之谔谔。

——〔西汉〕司马迁《史记·商君列传第八》

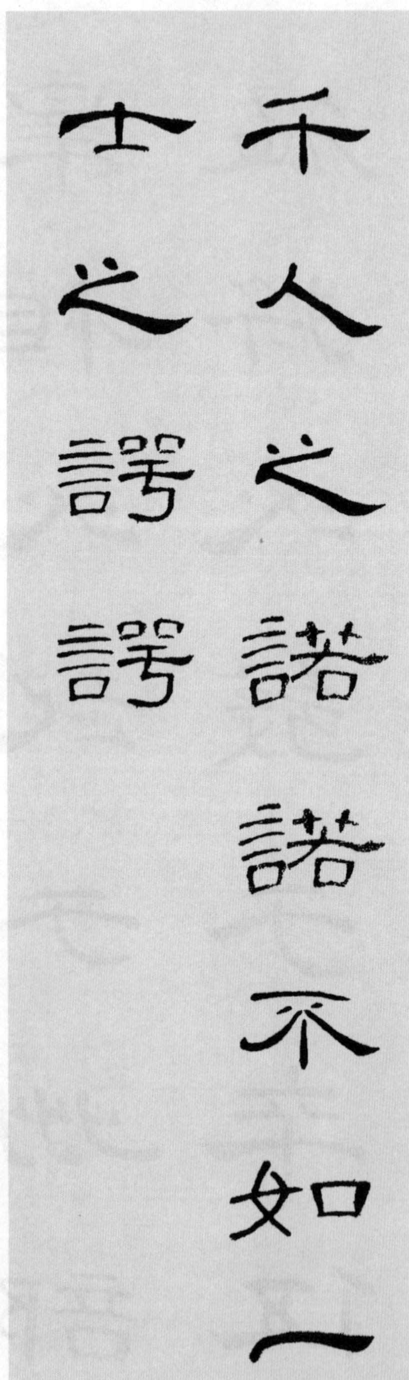

不知人之短不知人之長不知人長中之短不知人短中之長則不可以用人不可以教人

不知人之短，不知人之长，不知人长中之短，不知人短中之长，则不可以用人，不可以教人。

——〔清〕魏源《默觚·治篇七》

我勸天公重抖擻不拘一格降人才

我劝天公重抖擞，不拘一格降人才。

——〔清〕龚自珍《乙亥杂诗》

骏马能历险，力田不如牛。坚车能载重，渡河不如舟。

——〔清〕顾嗣协《杂兴》

駿馬能歷險力田不如牛堅車能載重渡河不如舟

计利当计天下利。
——于右仁题赠蒋经国对联

浩渺行无极，扬帆但信风。

——〔唐〕尚颜《送朴山人归新罗》

浩渺行無極

揚帆但信風

一花獨放不是春
百花齊放春滿園

一花独放不是春，百花齐放春满园。

——〔明清〕《古今贤文》

物之不齐，物之情也。

——〔战国〕孟子《孟子·滕文公上》

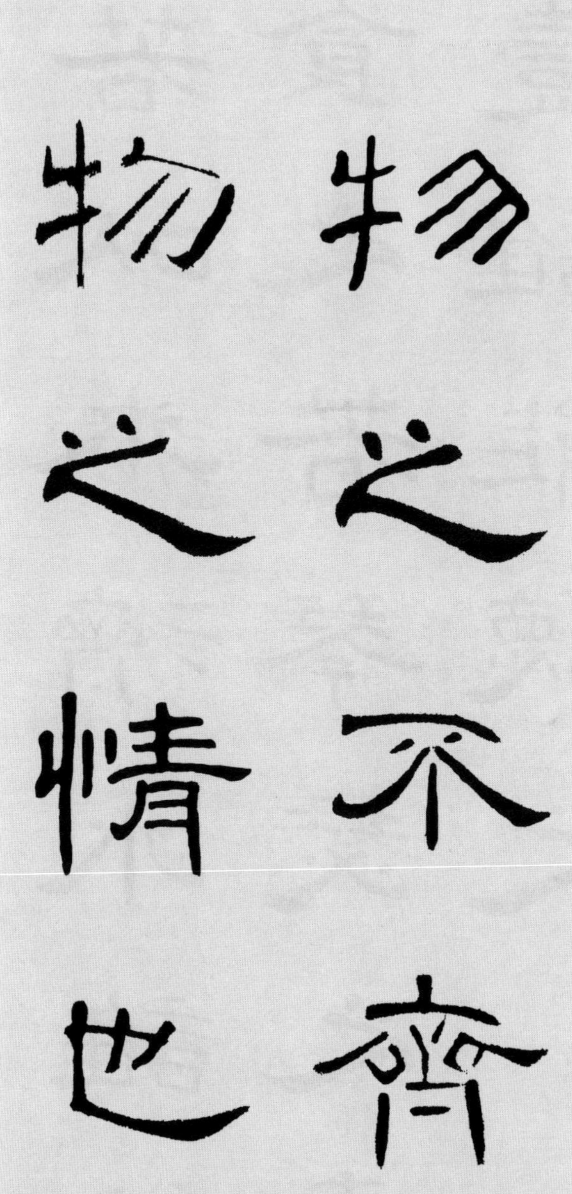

若以水濟水誰能食之若琴瑟之專壹誰能聽之

若以水济水，谁能食之？若琴瑟之专壹，谁能听之？

——〔春秋〕左丘明《左传·昭公二十年》

萬物並育而不相害道並行而不相悖

万物并育而不相害，道并行而不相悖。

——〔春秋至秦汉〕《礼记·中庸》

己所不欲，勿施于人。

——《论语·卫灵公》

己所不欲
勿施于人

既以為人己愈有既以與人己愈多

既以为人，己愈有；既以与人，己愈多。

——〔春秋〕老子《老子·第八十一章》

智者求同，愚者求异。

——〔春秋至两汉〕《黄帝内经·素问·阴阳应象大论篇》

智者求同

愚者求異

橘生淮南則為
橘生于淮北則
為枳葉徒相似
其實味不同所
以然者何水土
異也

橘生淮南则为橘，生于淮北则为枳，叶徒相似，其实味不同。所以然者何？水土异也。

——〔战国至秦〕《晏子春秋·内篇·杂下》

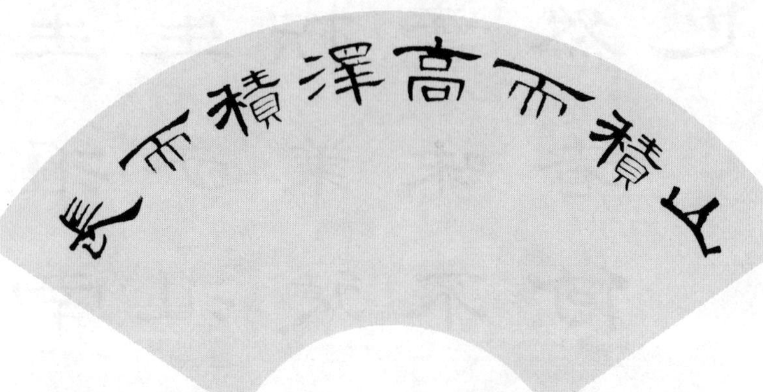

山积而高，泽积而长。

——〔唐〕刘禹锡《唐故监察御史赠尚书右仆射王公神道碑》

明者因时而变，知者随事而制。

——〔西汉〕桓宽《盐铁论·忧边第十二》

明者因時而變知者隨事而制

穷则独善其身，达则兼善天下。

——〔战国〕孟子《孟子·尽心上》

窮則獨善其身達則兼善天下

祸患常积于忽微，而智勇多困于所溺。

——〔北宋〕欧阳修《新五代史·伶官传第二十五》

祸患常積于忽微而智勇多困于所溺

善禁者，先禁其身而後人

善禁者，先禁其身而后人。

——〔东汉〕荀悦《中鉴·政体》

公生明，廉生威。——〔明〕年富《官箴》刻石

俭则约，约则百善俱兴；侈则肆，肆则百恶俱纵。

——〔清〕金缨《格言联璧·持躬》

儉則約約則百善俱興

侈則肆肆則百惡俱縱

奢靡之始，危亡之渐。

——〔北宋〕欧阳修、宋祁等《新唐书·列传第三十·褚遂良》

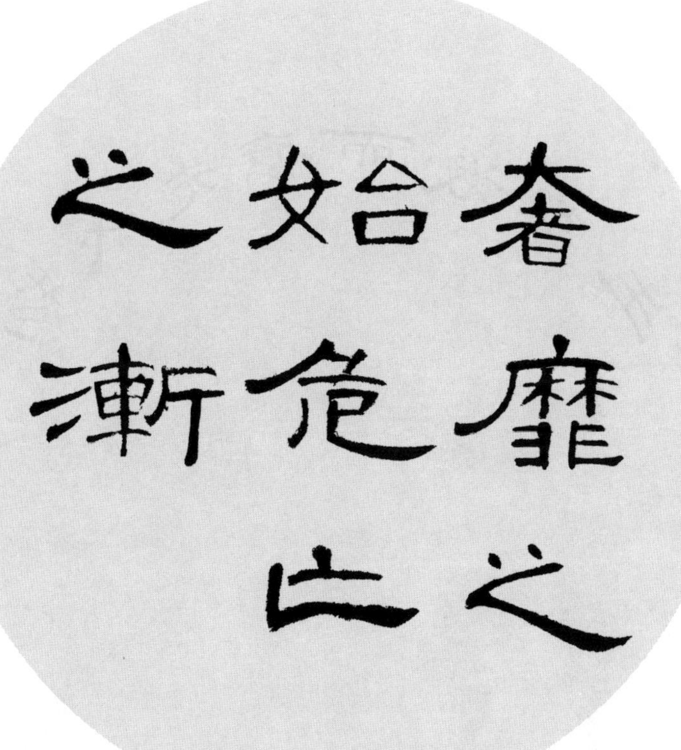

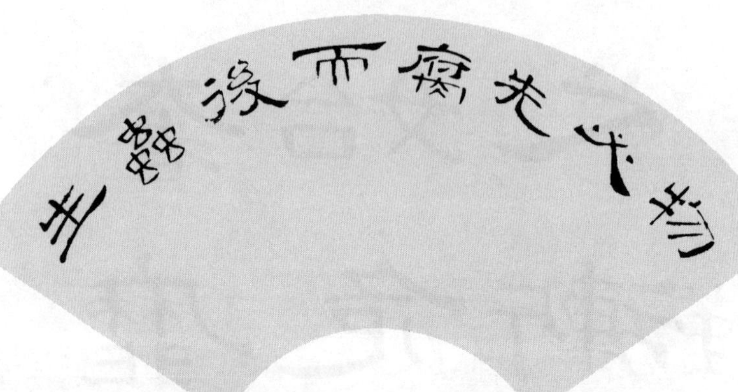

物必先腐，而后虫生。

——〔北宋〕苏轼《范增论》

歷覽前賢國與家
成由勤儉破由奢

历览前贤国与家，成由勤俭破由奢。

——〔唐〕李商隐《咏史》

誠欲正朝廷

以正百官當

以激濁揚清

為第一要義

诚欲正朝廷以正百官，当以激浊扬清为第一要义。

——〔明清之际〕顾炎武《与公肃甥书》

地位清高日
月每從肩上
過門庭開豁
江山常在掌
中看

地位清高，日月每从肩上过；门庭开豁，江山常在掌中看。

——〔南宋〕朱熹题白云岩书院对联

禁微則易，救末者難。

禁微则易，救末者难。

——〔南朝·宋〕范晔《后汉书·桓荣丁鸿列传第二十七》

位卑未敢忘忧国。

——〔南宋〕陆游《病起书怀》

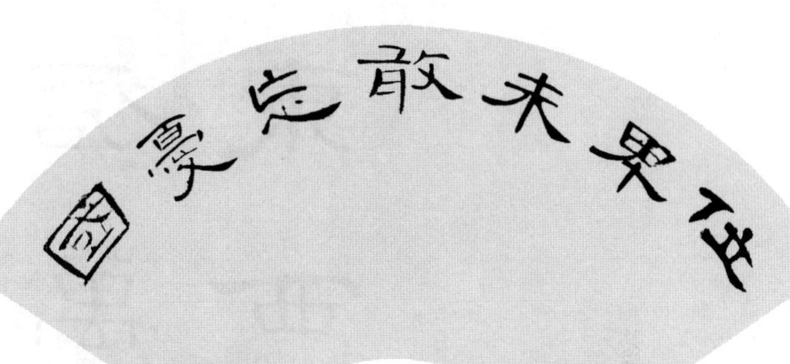

千磨萬擊還堅勁任

爾東西南北風

千磨万击还坚劲，任尔东西南北风。——〔清〕郑燮《竹石》

志之所趨無遠勿屆窮山距海不能限也志之所向無堅不入銳兵精甲不能御也

志之所趋，无远勿届，穷山距海，不能限也。志之所向，无坚不入，锐兵精甲，不能御也。

——〔清〕金缨《格言联璧·学问》

石可破也而不可奪堅丹可磨也而不可奪赤

石可破也，而不可夺坚；丹可磨也，而不可夺赤。

——〔战国〕吕不韦及门客《吕氏春秋·诚廉》

苟利國家生死以豈
因禍福避趨之

苟利国家生死以，岂因祸福避趋之？

——〔清〕林则徐《赴戍登程口占示家人》

天行健君子以自
强不息

天行健，君子以自强不息。

——〔殷周至秦汉〕《周易·乾卦》

富贵不能淫，贫贱不能移，威武不能屈。

——〔战国〕孟子《孟子·滕文公下》

富貴不能淫貧賤不能移威武不能屈

雄關漫道真如鐵

人間正道是滄桑

長風破浪會有時

雄关漫道真如铁。人间正道是沧桑。长风破浪会有时。

——毛泽东《忆秦娥·娄山关》《七律·人民解放军占领南京》〔唐〕李白《行路难》

苟日新，日日新，又日新。

——〔春秋至秦汉〕《礼记·大学》

不日新者必日退。——〔北宋〕程颢、程颐《二程集·河南程氏遗书·卷第二十五》

水之积也不厚，则其负大舟也无力。——〔战国〕庄子《庄子·逍遥游》

水之積也不厚則其負大舟也無力

昨日是而今日非矣今日非而後日又是矣

昨日是而今日非矣，今日非而后日又是矣。

——〔明〕李贽《藏书·世纪列传总目前论》

工欲善其事必
先利其器

工欲善其事，必先利其器。

——《论语·卫灵公》

凡益之道與時偕行

凡益之道，与时偕行。——〔殷周至秦汉〕《周易·益卦》

是虽常是，有时而不用；非虽常非，有时而必行。

——〔战国〕尹文子《尹文子·大道上》

是虽常是有时而不用非虽常非有时而必行

窮則變變則通通則久

穷则变，变则通，通则久。

——〔殷商至秦汉〕《周易·系辞下》

多言数穷，不如守中。

——〔春秋〕老子《老子·第五章》

兵无常势，水无常形。

——〔春秋〕孙武《孙子兵法·虚实第六》

莫言下嶺便無難賺得行人錯喜歡正入萬山圈子裡一山放出一山攔

莫言下岭便无难，赚得行人错喜欢。正入万山圈子里，一山放出一山拦。

——〔南宋〕杨万里《过松源晨炊漆公店》

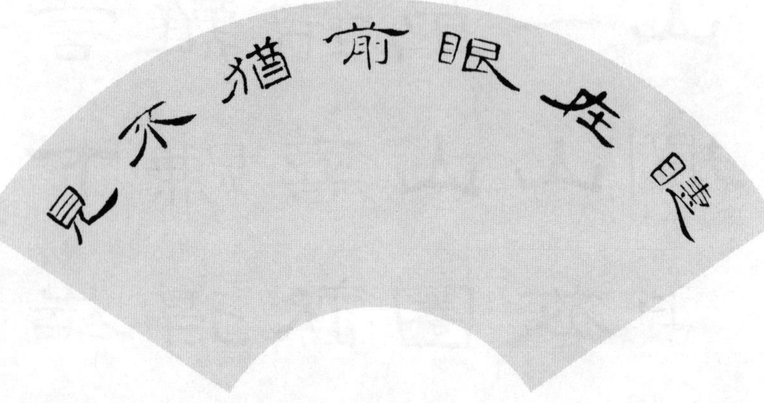

睫在眼前犹不见。

——〔唐〕杜牧《登池州九峰楼寄张祜》

見驥一毛
不知其狀
見畫一色
不知其美

见骥一毛，不知其状；见画一色，不知其美。

——〔战国〕尸佼《尸子》

不识庐山真面目，只缘身在此山中。

——〔北宋〕苏轼《题西林壁》

不識盧山真面目祇緣身在此山中